SUMA
CANTANDO

por Gisem Suárez

ISBN: 978-1-55386-128-7

Reconocimientos

Autora – Gisem Suárez

Diseño de la portada – Darryl Taylor

Editores – Juan Pablo Hurtado, Mariana Aldave

Ilustración – Varios contribuyentes

Diseño del libro – Derek Veenhof, Darryl Taylor

Para mayor información, contáctenos:

Jordan Music Productions Inc.
M.P.O. Box 490
Niagara Falls, NY
U.S.A. 14302-0490

Jordan Music Productions Inc.
R.P.O. Lakeport, Box 28105
St. Catharines, Ontario
Canada, L2N 7P8

Teléfono: 905-937-9000
www.AprendeCantando.com
sjordan@sara-jordan.com

Agradecemos el apoyo financiero del Gobierno de Canadá, a través del Canada Book Fund, para nuestras actividades editoriales..

Tabla de Contenido

Capítulo 1 - Introducción a la Suma

Lecciones de grupo   1. Luces, cámara y acción 7

2. Suma de caramelos 7

Letra de la canción   ¡Súmalos! 8

Actividades reproducibles   1. Términos y propiedades de la suma 9

2. Oraciones numéricas 10

3. Usa la suma para decir la hora 11

4. Recta numérica 12

Capítulo 2 - Continúa contando

Lecciones de grupo   1. Tarjetas con puntos 13

2. Figuras escondidas 13

Letra de la canción   Continúa contando 14

Actividades reproducibles   1. "Continúa contando" sumando 1 15

2. "Continúa contando" sumando 3 16

3. "Continúa contando" con monedas 17

4. "Continúa contando" repaso 18

Capítulo 3 - Sumando 0 ó 1

Lecciones de grupo   1. Da vueltas al número 19

2. Camina en la recta numérica 19

Letra de la canción   Sumando 0 ó 1 20

Actividades reproducibles   1. Parejas de las cajas de cereal 21

2. Suma 0 ó 1 22

3. Escribiendo oraciones numéricas 23

4. Calendario divertido 24

Capítulo 4 - Aprende los dobles

Lecciones de grupo   1. Abracadabra 25

2. Cacería de dobles 25

Letra de la canción   Aprende los dobles 26

Actividades reproducibles   1. Oraciones numéricas de dobles 27

2. Gráficos de barra 28

3. Diversión con triángulos 29

4. Sopa de letras 30

Capítulo 5 - Dobles + 1

Lecciones de grupo   1. Dobles + 1 31

2. Duplica los números 31

Letra de la canción   Dobles + 1 32

Actividades reproducibles   1. Oraciones numéricas (dobles + 1) 33

2. Dobles y dobles + 1 34

3. Viendo doble 35

4. Busca los sumandos y resultados perdidos 36

Capítulo 6 - Resultados hasta el 6

Lecciones de grupo   1. Suma hasta el 6 37

2. Encuentra el sumando que falta 37

Letra de la canción   Resultados hasta el 6 38

Actividades reproducibles   1. Oraciones numéricas hasta el 6 39

2. Suma con fichas de dominó 40

3. Medición de la temperatura 41

4. Figuras de dos dimensiones 42

Capítulo 7 - Resultados hasta el 10

Lecciones de grupo   1. Lanzamiento de fichas 43

2. Clasificación de números 43

Letra de la canción   Resultados hasta el 10 44

Actividades reproducibles   1. Diviértete con los robots 45

2. Oraciones numéricas hasta el 10 46

3. Diviértete coloreando 47

4. Problemas de suma 48

Capítulo 8 - Resultados hasta el 18

Lecciones de grupo   1. Memoria 49

2. Suma los lados 49

Letra de la canción   Resultados hasta el 18 50

Actividades reproducibles   1. Busca los sumandos y resultados perdidos 51

2. Oraciones numéricas con figuras geométricas 52

3. Divertido cuestionario de suma 53

4. Suma dos números 54

Capítulo 9 - Suma unidades

Lecciones de grupo   1. Concentración 55

2. Dominó 55

Letra de la canción   Suma unidades 56

Actividades reproducibles   1. Crucigrama de sumas 57

2. Busca los sumandos y resultados perdidos 58

3. Sumando tres números 59

4. Encuentra las placas de los autos 60

Respuestas 61

Sugerencias para profesores y padres

Los estudiantes de hoy en día demandan y merecen métodos de enseñanza que sean variados e interesantes. Estamos muy orgullosos de presentar esta nueva y mejorada versión de *Suma cantando*, que combina aprendizaje auditivo (canciones del CD *Suma cantando*) con ejercicios escritos y actividades.

Las actividades en este libro están diseñadas para complementar las lecciones enseñadas en el CD adjunto. Las lecciones incluyen actividades, las letras de las canciones para que los alumnos puedan participar y cantar, y también ejercicios reproducibles que abarcan muchas áreas del currículo central común de matemáticas.

Aun cuando el enfoque principal de este libro es la enseñanza de la suma, las actividades aquí incluidas cubren una variedad de temas tales como: llas propiedades conmutativa y asociativa de la suma, búsqueda de sumandos faltantes, medición de longitudes, lectura y escritura de la hora, organización, representación e interpretación de datos con hasta tres categorías y entendimiento de las figuras básicas y las fracciones.

Las canciones basadas en el currículo ayudan a mejorar en gran medida el aprendizaje. Por favor use las canciones como parte de la rutina diaria de su aula. Los profesores pueden optar por utilizar una canción como parte de una unidad temática, usando la letra para enseñar conceptos específicos. Las canciones pueden ser incorporadas en muchas actividades del día: bien sea al principio de la jornada, durante los períodos de transición o incluso en arte o educación física; las letras de las canciones se grabarán en la memoria de los estudiantes.

Para obtener más recursos para mejorar el aprendizaje en el aula a través de las siete inteligencias múltiples por favor visite nuestro sitio web: www.AprendeCantando.com Allí encontrará consejos para hacer amigos por correspondencia, concursos, clases de dibujos animados y mucho más.

Los juegos interactivos en línea, basados en el material que se enseña en este libro, pueden ser encontrados en nuestro sitio web: www.EduActiveLearning.com.

¡Que lo disfrute!

Sara Jordan
Presidenta

Lecciones de grupo

1. Luces, cámara y acción

2. Suma de caramelos

Letra de la canción

¡Súmalos!
del álbum *Suma cantando*

Actividades reproducibles

1. Términos y propiedades de la suma

2. Oraciones numéricas

3. Usa la suma para decir la hora

4. Recta numérica

Lección de grupo 1 - Luces, cámara y acción

Instrucciones: Piense en una historia numérica y dirija a los niños para que la actúen.

Aquí hay un ejemplo: tres niños están saltando la cuerda en el patio del colegio.

(Elija tres niños para que actúen). Otro niño se acerca y quiere jugar.

(Elija un estudiante para que se incorpore al grupo)

Primero pregunte cuántos niños estaban jugando.

Luego, pregunte cuántos entraron al juego.

Finalmente, pregunte cuántos niños estaban jugando en total.

Pregunte a los estudiantes si pueden contar la historia usando oraciones numéricas $(3+1=4)$.

Registre oraciones numéricas para otras historias que pida a los estudiantes que actúen.

Variación: Pida a los estudiantes hacer sus propias historias para que sus compañeros las actúen.

Lección de grupo 2 - Suma de caramelos

Materiales: Una caja pequeña de caramelos de colores para cada estudiante.

Instrucciones : Entregue una caja de caramelos a cada estudiante. Antes de abrirla pida a los estudiantes que le digan cuántos caramelos hay en la caja. Probablemente la mayoría de los estudiantes va a querer contar los caramelos uno por uno. En lugar de eso, pida a los estudiantes que separen los caramelos por colores y luego que hagan una operación de suma que represente sus grupos de caramelos.

¡Súmalos!

coro 2 veces:

Súmalos.
Verás que es divertido.
Súmalos.
Mezcla los sumandos.
Súmalos.
Continúa contando.
Súmalos.
Encuentra el resultado.

Si quieres que sumar
sea más fácil,
hay pequeños trucos
que puedes aprender:
uno – continúa contando,
dos – conoce los dobles,
tres – mezcla los sumandos.
¡Vamos! Aprende cantando.

coro 2 veces:

Actividad 1 - Términos y propiedades de la suma

Cuando sumamos números, el orden de los números no altera la respuesta. Este es un ejemplo de la **propiedad conmutativa**.

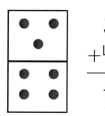

$$\begin{array}{r} 3 \\ +4 \\ \hline 7 \end{array} \qquad \begin{array}{r} 4 \\ +3 \\ \hline 7 \end{array}$$

Para responder las preguntas a continuación, suma los puntos de cada dominó. Cada número tiene una letra que le corresponde en la caja de códigos al final de la página.

1. Los números que sumamos se llaman _____ .

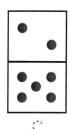 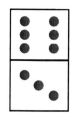 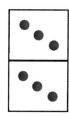 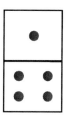 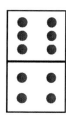 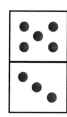 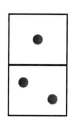 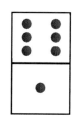

2. A la respuesta también se le llama _____ .

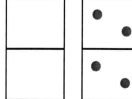 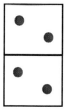 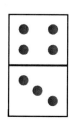 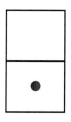 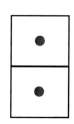 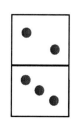 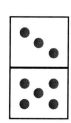 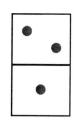

Caja de códigos	0	1	2	3	4	5	6	7	8	9	10
	R	R	L	T	O	E	A	M	S	D	U	N

Nombre _____

Actividad 2 - Oraciones numéricas

Escribe la oración numérica para cada figura.

$$4 + 2 = 6$$
$$2 + 4 = 6$$

___ + ___ = ___

___ + ___ = ___

___ + ___ = ___

___ + ___ = ___

___ + ___ = ___

___ + ___ = ___

___ + ___ = ___

___ + ___ = ___

___ + ___ = ___

___ + ___ = ___

Actividad 3 - Usa la suma para decir la hora

Llena los espacios en blanco y dibuja la nueva hora en los relojes.

 La hora es 12:00

En 2 horas serán las 2:00

 La hora es _____

En 3 horas serán las _____

 La hora es _____

En 1 hora serán las _____

 La hora es _____

En 4 horas serán las _____

 La hora es _____

En 5 horas serán las _____

 La hora es _____

En 6 horas serán las _____

Nombre _____

Actividad 4 - Recta numérica

Continúa la recta numérica. Describe la secuencia.

Contando de _____ en _____ o sumando _____ .

Contando de _____ en _____ o sumando _____ .

Contando de _____ en _____ o sumando _____ .

Contando de _____ en _____ o sumando _____ .

Contando de _____ en _____ o sumando _____ .

Lecciones de grupo

1. Tarjetas con puntos
2. Figuras escondidas

Letra de la canción

Continúa contando
del álbum *Suma cantando*

Actividades reproducibles

1. "Continúa contando" sumando 1
2. "Continúa contando" sumando 3
3. "Continúa contando" con monedas
4. "Continúa contando" repaso

Lección de grupo 1 - Tarjetas con puntos

Materiales: Un juego de tarjetas con números para cada estudiante. Platos o tarjetas de papel con puntos.

Preparación: Haga tarjetas de papel y dibuje puntos en ellas.

Instrucciones : Sujete una tarjeta con puntos. Los estudiantes deben contar los puntos y después mostrar una tarjeta con un número que sea mayor a los puntos que contaron por uno, dos o tres unidades. Continúe hasta que todas las tarjetas con puntos hayan sido mostradas.

Lección de grupo 2 - Figuras escondidas

Materiales: Retroproyector, hoja con una línea de 20 figuras, papel para cubrir la hoja con las figuras, papel para que los estudiantes escriban sus respuestas.

Instrucciones : Coloque la hoja con las figuras en el retroproyector, cuente el número de figuras que desee, por ejemplo 12. Usando un papel, cubra algunas figuras, por ejemplo 7, para que no sean visibles. Pida a los estudiantes que escriban el número de figuras que están cubiertas por el papel. Permita que describan la estrategia que utilizaron para obtener su respuesta, luego continúe contando a partir de las 5 figuras que están visibles para obtener la respuesta. Repita este ejercicio varias veces con diferentes combinaciones de números. Dele la oportunidad a cada estudiante para que dirija la clase.

Continúa contando

coro 2 veces: 🎵

coro 2 veces: 🎵

¡Continúa contando!
Es muy fácil de hacer.
Toma uno de los sumandos
y continúa contando.

Si tienes una suma

como 2 + 4,

tomas el 2

y le agregas 4.

2   3.......4....... 5.........6

2 + 4 es 6.

coro 2 veces: 🎵

Si tienes otra suma

como 7 + 2,

ahora toma el 7

y le agregas 2.

7   8.......9

7 + 2 es 9.

Actividad 1 - "Continúa contando" sumando 1

Llena los espacios en blanco con el número correcto (sumando 1 a cada número que hay en las hojas) para ayudar a la rana a llegar a la hoja grande.

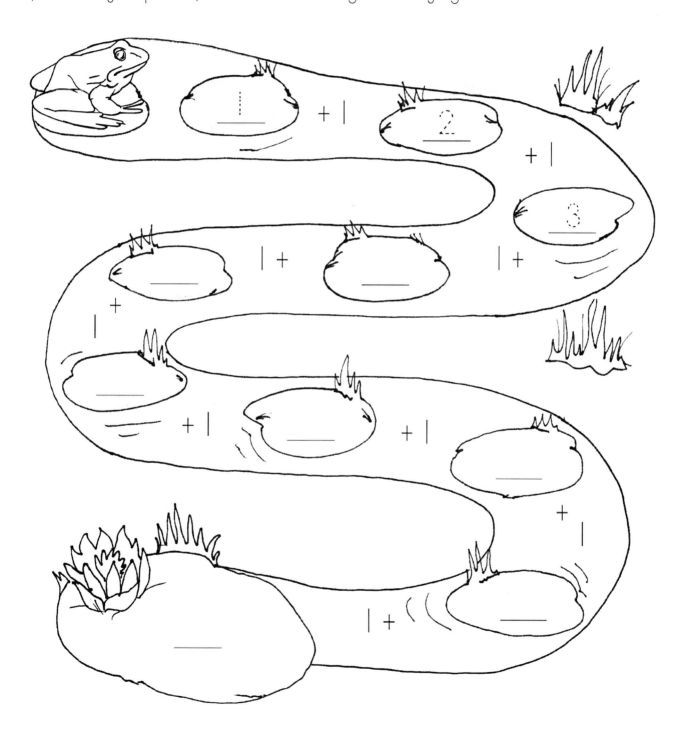

Nombre _____

Actividad 2 - "Continúa contando" sumando 3

¿Qué tan cerca del 100 puedes llegar? Comienza en el 3 y colorea el cuadro.
Continúa contando de 3 en 3 y colorea los cuadros correspondientes. Al final verás
como se formó un patron.

1	2	3	4	5	6	7	8	9	10
									100

Actividad 3 - "Continúa contando" con monedas

Usa tu habilidad para contar y encuentra el resultado de la suma de las monedas.

1.   = __8__ ¢

   5   6   7   8

2.   = _____ ¢

   ___ ___ ___ ___ ___ ___

3.   = _____ ¢

   ___ ___ ___ ___ ___

4.   = _____ ¢

   ___ ___ ___ ___

5.   = _____ ¢

   ___ ___ ___

6.   = _____ ¢

   ___ ___ ___

Monedas americanas

 = 1 centavo

 = 5 centavos

= 10 centavos

Nombre _____

Actividad 4 - "Continúa contando" repaso

Suma el número que está al lado de la escalera a cada peldaño, continúa contando hasta llegar al tope.

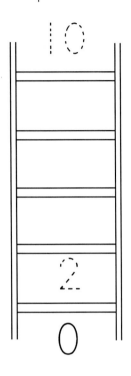

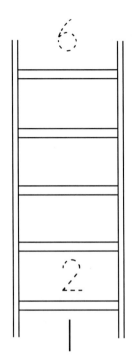

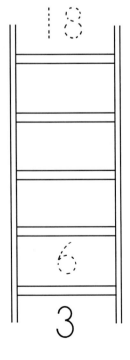

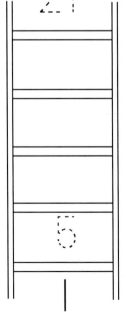

Lecciones de grupo

1. Da vueltas al número

2. Camina en la recta numérica

Letra de la canción

Sumando 0 ó 1
del álbum *Suma cantando*

Actividades reproducibles

1. Parejas de las cajas de cereal

2. Suma 0 ó 1

3. Escribiendo oraciones numéricas

4. Calendario divertido

Lección de grupo 1 - Da vueltas al número

Materiales: Ruleta, dado.

Preparación: Haga una ruleta con dos partes iguales. En un lado escriba "+0" y en el otro lado "+1".

Instrucciones : Divida a los estudiantes en pares o grupos pequeños. Un estudiante lanza el dado y dice el número en voz alta, la pareja debe darle vuelta a la ruleta y decir en voz alta si la flecha indica "+0" ó "+1". El estudiante que lanzó el dado debe responder cuál es el número correcto. Los estudiantes deben continuar tomando turnos, hasta que todos tengan la oportunidad de participar.

Lección de grupo 2 - Camina en la recta numérica

Materiales: Una recta numérica con números grandes del 0 al 10, una ruleta.

Preparación: Haga una recta numérica con números del 0 al 10 lo suficientemente grandes para que los estudiantes se puedan parar en ellos. Haga una ruleta con dos partes iguales. En un lado escriba "+0" y en el otro lado "+1".

Instrucciones : Los estudiantes deben jugar en equipos de dos. Un de los integrantes del equipo debe pararse en el 0 de la recta, el otro integrante del equipo debe dar vueltas a la ruleta. Los estudiantes que están a cargo de la ruleta deben tomar turnos para darle vuelta y ayudar a sus compañeros a avanzar por la recta. Si la ruleta marca "+0", el participante se queda en su lugar. Si marca "+1", el compañero avanza un espacio. El primer equipo que llegue al número 10 será el ganador.

Sumando 0 ó 1

coro 2 veces:

Un número más 0
se mantiene igual.
Si le sumamos 1,
tendremos uno más.

3 + 0
sigue siendo 3
pero 3 + 1
es ahora 4.

3 + 0
sigue siendo 3
pero 3 + 1
es ahora 4.

5 + 0
sigue siendo 5
pero 5 + 1
es ahora 6.

5 + 0
sigue siendo 5
pero 5 + 1
es ahora 6.

coro 2 veces:

7 + 0
sigue siendo 7
pero 7 + 1
es ahora 8.

7 + 0
sigue siendo 7
pero 7 + 1
es ahora 8.

8 + 0
sigue siendo 8
pero 8 + 1
es ahora 9.

8 + 0
sigue siendo 8
pero 8 + 1
es ahora 9.

coro 2 veces:

Actividad 1 - Parejas de las cajas de cereal

Encuentra la pareja de cada caja de cereal en los platos que están en la columna del centro.

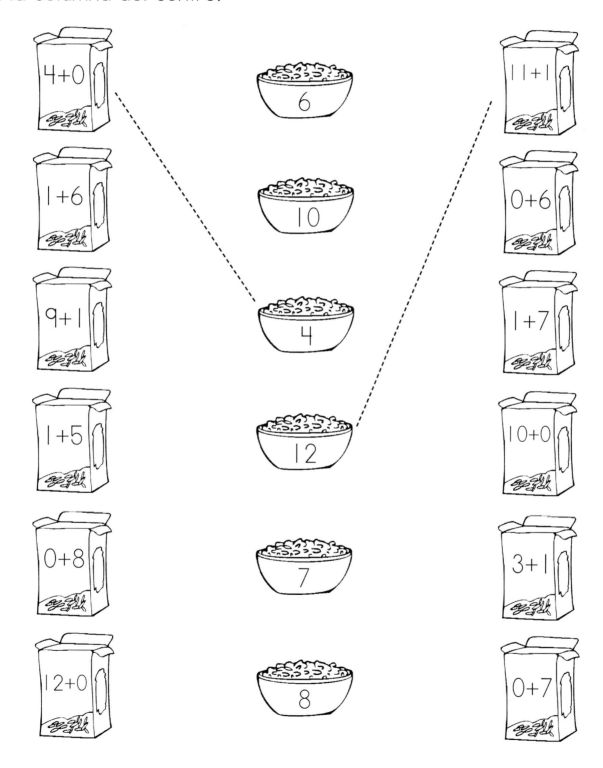

Nombre _____

Actividad 2 - Sumando 0 ó 1

Suma 0 ó 1 a cada número.

Si $4 + 0 = 4$

entonces $4 + 1 =$ _____

Si $6 + 0 =$ _____

entonces $6 + 1 =$ _____

Si $3 + 0 =$ _____

entonces $3 + 1 =$ _____

Si $8 + 0 =$ _____

entonces $8 + 1 =$ _____

Si $7 + 0 =$ _____

entonces $7 + 1 =$ _____

Si $2 + 0 =$ _____

entonces $2 + 1 =$ _____

Si $1 + 0 =$ _____

entonces $1 + 1 =$ _____

Si $9 + 0 =$ _____

entonces $9 + 1 =$ _____

Si $10 + 0 =$ _____

entonces $10 + 1 =$ _____

Si $5 + 0 =$ _____

entonces $5 + 1 =$ _____

Nombre _____

Actividad 3 - Escribir oraciones numéricas

Completa las oraciones numéricas y colorea los dibujos.

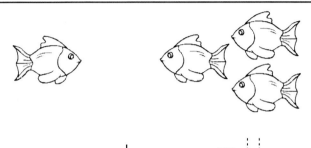

_____ + _____ = 4

_____ + _____ = 5

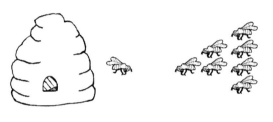

_____ + _____ = 8

_____ + _____ = 7

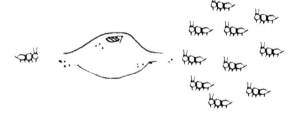

_____ + _____ = 11

_____ + _____ = 3

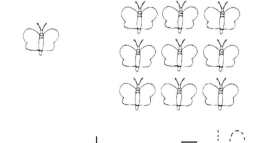

_____ + _____ = 10

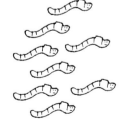

_____ + _____ = 9

Nombre _____

Actividad 4 - Calendario divertido

Localiza los eventos del mes de julio en el siguiente calendario.

domingo	lunes	martes	miércoles	jueves	viernes	sábado
		1	2	3	4	5 Fogata y barbacoa
6	7 Viaje al parque de diversiones	8	9	10	11 Fiesta de pijamas	
13	14	15	16 Viaje al parque acuático	17	18	19
20 Día de playa	21	22	23	24 Viaje al zoológico	25	26
27	28	29 Viaje al museo de dinosaurios	30			

1. ¿Qué evento hay un día después del lunes 28 de julio? _____

   La fecha es _____.

2. ¿Qué evento hay un día después del viernes 4 de julio? _____

   La fecha es _____.

3. ¿Qué evento hay un día después del sábado 19 de julio? _____

   La fecha es _____.

4. ¿Qué evento hay un día después del domingo 6 de julio? _____

   La fecha es _____.

5. ¿Qué evento hay un día después del miércoles 23 de julio? _____

   La fecha es _____.

Lecciones de grupo

1. Abracadabra

2. Cacería de dobles

Letra de la canción

Aprende los dobles
del álbum *Suma cantando*

Actividades reproducibles

1. Oraciones numéricas de dobles

2. Gráficos de barra

3. Diversión con triángulos

4. Sopa de letras

Lección de grupo 1 - Abracadabra

Materiales: Pintura (colores variados), pinceles, papel.

Preparación: Haga un juego de tarjetas con números del 1 al 10 (suficientes para todos los estudiantes).

Instrucciones: Distribuya pintura, pincel, papel y una tarjeta con un número a cada estudiante. Los estudiantes deben comenzar por doblar el papel por la mitad, al abrirlo obtendrán dos lados iguales. En un lado los estudiantes deben pintar la cantidad de puntos correspondientes al número en sus tarjetas. Mientras la pintura está todavía húmeda, pida a los estudiantes que doblen el papel nuevamente y pasen su mano por encima, de manera que cuando lo abran, la misma cantidad de puntos va a aparecer en los dos lados del papel. Luego, pida a los estudiantes que   escriban la operación numérica de sus dobles y el resultado. Ejemplo: 5 + 5 = 10.

Lección de grupo 2 - Cacería de dobles

Materiales: Diferentes volantes con ofertas de tiendas, tijeras, pegamento, papel grande.

Preparación: En cada hoja grande de papel escriba una de las oraciones numéricas de dobles (2+2, 3+3, 4+4, 5+5, 6+6, 7+7, 8+8, 9+9) y cualquier otra que los estudiantes encuentren.

Instrucciones: Pida a los estudiantes que busquen en los volantes cosas que sean dobles, por ejemplo un cartón de huevos es 6 + 6. Cuando consigan diferentes cosas, deben cortarlas y pegarlas en el papel con la oración numérica correspondiente.

Aprende los dobles

coro 2 veces:

Aprende los dobles
y no tendrás problemas.
Duplicar
es muy fácil de hacer.
Aprende los dobles
y no tendrás problemas.
Matemáticas es
simple de aprender.

1 + 1 es igual a 2.   El doble de 1 es 2.
2 + 2 es igual a 4.   El doble de 2 es 4.
3 + 3 es igual a 6.   El doble de 3 es 6.
4 + 4 es igual a 8.   El doble de 4 es 8.

intervalo instrumental

5 + 5 es igual a 10. El doble de 5 es 10.
6 + 6 es igual a 12. El doble de 6 es 12.
7 + 7 es igual a 14. El doble de 7 es 14.
8 + 8 es igual a 16. El doble de 8 es 16.
9 + 9 es igual a 18. El doble de 9 es 18.

intervalo instrumental

Nombre _____

Actividad 1 - Oraciones numéricas de dobles

Usa los dobles que se encuentran a continuación para hacer oraciones numéricas para cada imagen. Colorea las imágenes.

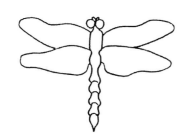

___ + ___ = ___

___ + ___ = ___

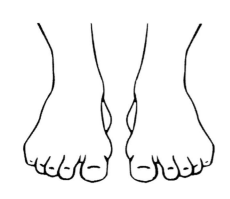

___ + ___ = ___

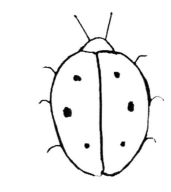

___ + ___ = ___

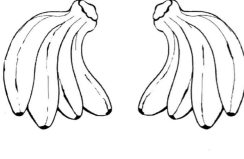

___ + ___ = ___

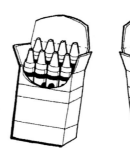

___ + ___ = ___

Actividad 2 - Gráficos de barra

Lisa y Jane pusieron un puesto de venta de limonada durante una semana a la hora del almuerzo. Ellas registraron cuántos vasos de limonada vendieron en un gráfico.

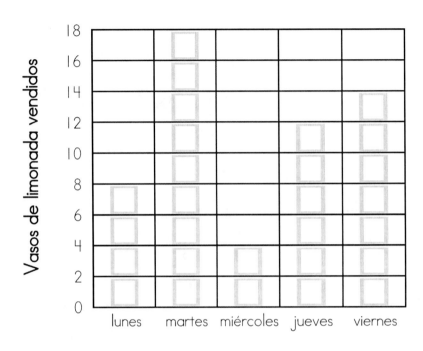

Días de la semana

1. ¿Qué día vendieron más limonadas? _____

2. ¿Qué día vendieron menos? _____

3. ¿Cuántos vasos de limonada se vendieron el martes? _____

4. ¿Cuántos vasos se vendieron el jueves? _____

5. ¿Cuántos vasos adicionales se vendieron el viernes a diferencia del miércoles? _____

6. ¿Cuántos vasos adicionales se vendieron el jueves a diferencia del lunes? _____

7. ¿Cuántos vasos menos se vendieron el lunes a diferencia del martes? _____

Actividad 3 - Diversión con triángulos

Completa cada triángulo con el doble que falta y luego completa la oración numérica debajo del triángulo.

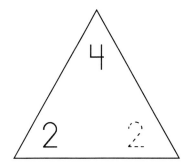

___ + ___ = ___

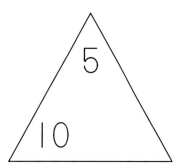

___ + ___ = ___

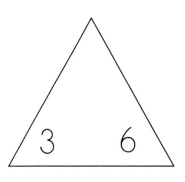

___ + ___ = ___

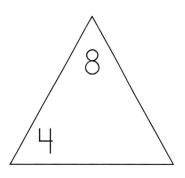

___ + ___ = ___

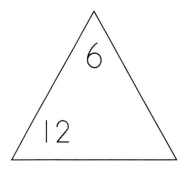

___ + ___ = ___

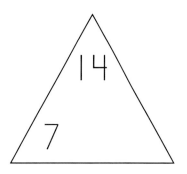

___ + ___ = ___

Nombre _____

Actividad 4 - Sopa de letras

Resuelve las operaciones y busca el resultado en la sopa de letras.

Palabras	D I C Z I X F E D
	T I I U N T S D O
CUATRO	W V E X A S E I S
DOCE	E M E C T T C E Q
DOS	O C H O I E R Z Y
DIEZ	V B S W N S E O P
SEIS	E D O C E I E N A
DIECISEIS	C A T O R C E I B
CATORCE	J A D A G I N O S
OCHO	

$2 + 2 =$ ___ $4 + 4 =$ ___ $1 + 1 =$ ___ $3 + 3 =$ ___

$6 + 6 =$ ___ $5 + 5 =$ ___ $8 + 8 =$ ___ $7 + 7 =$ ___

Lecciones de grupo

1. Dobles + 1
2. Duplica los números

Letra de la canción

Dobles + 1
del álbum *Suma cantando*

Actividades reproducibles

1. Oraciones numéricas (dobles + 1)
2. Dobles y dobles + 1
3. Viendo doble
4. Busca los sumandos y resultados perdidos

Lección de grupo 1 - Dobles + 1

Materiales: Calculadora para cada estudiante, tarjetas con números hasta el 9.

Preparación: Prepare tarjetas con números. Asegúrese de que cada estudiante sepa usar una calculadora correctamente.

Instrucciones: Los estudiantes pueden jugar en grupos pequeños. Coloque las tarjetas boca abajo en una pila. Un estudiante voltea una tarjeta, por ejemplo el 6. Todos en el grupo deben duplicar el número y sumar 1 para encontrar la respuesta. Luego, cada estudiante dice su respuesta. La siguiente persona voltea una carta y el juego continúa.

Lección de grupo 2 - Duplica los números

Materiales: Un juego de tarjetas con operaciones numéricas de dobles para cada estudiante, tarjetas con números del 0 al 20.

Preparación: Haga tarjetas con oraciones numéricas de dobles y tarjetas con números del 0 al 20.

Instrucciones: Los estudiantes colocan sus tarjetas con las oraciones numéricas en frente de ellos, boca arriba. El maestro o un estudiante sostiene una tarjeta con un número, por ejemplo el 14. Los estudiantes deben buscar cuál de sus tarjetas tiene la oración numérica correspondiente a dicho número, en nuestro ejemplo 14 (7+7). Cuando todos los estudiantes estén de acuerdo con una respuesta, se voltea o retira esa tarjeta. El juego continúa hasta que el maestro muestre todas las tarjetas con los números.

CAPÍTULO 5

Dobles + 1

coro 2 veces:

Cuando sumas dos números
y uno es 1 más,
piensa en los dobles
y muy fácil será.
Ahora suma los dobles
y luego un 1 más.
Ahora suma los dobles
y luego un 1 más.

1 + 2 es igual a 3 y 1 + 1 + 1 es 3.
2 + 3 es igual a 5 y 2 + 2 + 1 es 5.
3 + 4 es igual a 7 y 3 + 3 + 1 es 7.
4 + 5 es igual a 9 y 4 + 4 + 1 es 9.

coro 2 veces:

5 + 6 es igual a 11 y 5 + 5 + 1 es 11.
6 + 7 es igual a 13 y 6 + 6 + 1 es 13.
7 + 8 es igual a 15 y 7 + 7 + 1 es 15.
8 + 9 es igual a 17 y 8 + 8 + 1 es 17.

coro 2 veces:

Nombre _____

CAPÍTULO 5

Actividad 1 - Oraciones numéricas (dobles + 1)

Usa tu estrategia de dobles para encontar la respuesta. Colorea los dibujos

2 + 2 + 1 = 5

___ + ___ + ___ = ___

___ + ___ + ___ = ___

___ + ___ + ___ = ___

___ + ___ + ___ = ___

___ + ___ + ___ = ___

___ + ___ + ___ = ___

___ + ___ + ___ = ___

Copyright © 2010 Sara Jordan Publishing

Suma cantando

33

Nombre _____

Actividad 2- Dobles y dobles + 1

Usa tus conocimientos de "dobles" y "dobles más 1" para encontrar la respuesta.

Si $\begin{array}{r} 2 \\ +2 \\ \hline 4 \end{array}$ entonces $\begin{array}{r} 2 \\ +3 \\ \hline 5 \end{array}$	Si $\begin{array}{r} 3 \\ +3 \\ \hline 6 \end{array}$ entonces $\begin{array}{r} 3 \\ +4 \\ \hline 7 \end{array}$
Si $\begin{array}{r} 4 \\ +4 \\ \hline \end{array}$ entonces $\begin{array}{r} 4 \\ +5 \\ \hline \end{array}$	Si $\begin{array}{r} 6 \\ +6 \\ \hline \end{array}$ entonces $\begin{array}{r} 6 \\ +7 \\ \hline \end{array}$
Si $\begin{array}{r} 5 \\ +5 \\ \hline \end{array}$ entonces $\begin{array}{r} 5 \\ +6 \\ \hline \end{array}$	Si $\begin{array}{r} 7 \\ +7 \\ \hline \end{array}$ entonces $\begin{array}{r} 7 \\ +8 \\ \hline \end{array}$
Si $\begin{array}{r} 1 \\ +1 \\ \hline \end{array}$ entonces $\begin{array}{r} 1 \\ +2 \\ \hline \end{array}$	Si $\begin{array}{r} 8 \\ +8 \\ \hline \end{array}$ entonces $\begin{array}{r} 8 \\ +9 \\ \hline \end{array}$

Nombre _____

Actividad 3 - Viendo doble

Busca el sol que hace pareja con los lentes de sol.

 13

 17

 8 8 + 1

 9 9 + 1

 9

 7

 7 7 + 1

 3 3 + 1

 6 6 + 1

 11

 19

5 5 + 1

 15

4 4 + 1

Nombre _____

Actividad 4 - Busca los sumandos y resultados perdidos

Busca los sumandos. Te ayudará el usar tus conocimientos de "dobles" y "dobles más 1".

$$
\begin{array}{r} 4 \\ + \boxed{} \\ \hline 8 \end{array}
\qquad
\begin{array}{r} \boxed{} \\ + 4 \\ \hline 9 \end{array}
\qquad
\begin{array}{r} 5 \\ + 5 \\ \hline \boxed{} \end{array}
\qquad
\begin{array}{r} \boxed{} \\ + 5 \\ \hline 11 \end{array}
\qquad
\begin{array}{r} 3 \\ + 3 \\ \hline \boxed{} \end{array}
\qquad
\begin{array}{r} 4 \\ + \boxed{} \\ \hline 7 \end{array}
$$

$$
\begin{array}{r} \boxed{} \\ + 1 \\ \hline 1 \end{array}
\qquad
\begin{array}{r} 1 \\ + \boxed{} \\ \hline 2 \end{array}
\qquad
\begin{array}{r} 7 \\ + \boxed{} \\ \hline 14 \end{array}
\qquad
\begin{array}{r} \boxed{} \\ + 7 \\ \hline 15 \end{array}
\qquad
\begin{array}{r} 2 \\ + 2 \\ \hline \boxed{} \end{array}
\qquad
\begin{array}{r} 2 \\ + \boxed{} \\ \hline 5 \end{array}
$$

$$
\begin{array}{r} 8 \\ + 8 \\ \hline \boxed{} \end{array}
\qquad
\begin{array}{r} \boxed{} \\ + 9 \\ \hline 17 \end{array}
\qquad
\begin{array}{r} 6 \\ + \boxed{} \\ \hline 12 \end{array}
\qquad
\begin{array}{r} 7 \\ + \boxed{} \\ \hline 13 \end{array}
\qquad
\begin{array}{r} \boxed{} \\ + 9 \\ \hline 18 \end{array}
\qquad
\begin{array}{r} 10 \\ + 9 \\ \hline \boxed{} \end{array}
$$

6

Lecciones de grupo

1. Suma hasta el 6
2. Encuentra el sumando que falta

Letra de la canción

Resultados hasta el 6
del álbum *Suma cantando*

Actividades reproducibles

1. Oraciones numéricas hasta el 6
2. Suma con fichas de dominó
3. Medición de la temperatura
4. Figuras de dos dimensiones

Lección de grupo 1 - Suma hasta el 6

Materiales: Una variedad de objetos para contar (cubos, semillas, etc.), un papel para registrar las operaciones numéricas.

Preparación: Distribuya 6 objetos y un papel a cada estudiante.

Instrucciones: Usando los objetos para contar, pida a los estudiantes que muestren las diferentes operaciones de suma que pueden realizar hasta 6. Pida a los estudiantes que escriban en el papel las diferentes maneras que encontraron para sumar hasta el 6. En grupo, discuta todas las respuestas que los estudiantes encontraron en su investigación. Esta actividad se puede utilizar para explorar cualquier número.

Lección de grupo 2 - Encuentra el sumando que falta

Materiales: Un juego de tarjetas con numeros del 0–6 para cada estudiante.

Preparación: Prepare las tarjetas con números.

Instrucciones: El maestro sostiene una tarjeta con un número para que todos los estudiantes puedan verla. Los estudiantes deben buscar entre sus tarjetas la que tenga el número que sumado al número que tiene el profesor dé como resultado 6.

6 CAPÍTULO 6

Resultados hasta el 6

coro 2 veces: ♪♫♪

Vamos a divertirnos
sumando estos números.
¡Vamos a divertirnos!
Encuentra el resultado.

Si cambias el orden
de los sumandos,
verás que el resultado
sigue siendo igual.

0 + 1 es 1	y	1 + 0 es 1.
0 + 2 es 2	y	2 + 0 es 2.
0 + 3 es 3	y	3 + 0 es 3.
0 + 4 es 4	y	4 + 0 es 4.
0 + 5 es 5	y	5 + 0 es 5.
0 + 6 es 6	y	6 + 0 es 6.

coro: ♪♫♪

1 + 1 es 2	y	1 + 1 es 2.
1 + 2 es 3	y	2 + 1 es 3.
1 + 3 es 4	y	3 + 1 es 4.
1 + 4 es 5	y	4 + 1 es 5.
1 + 5 es 6	y	5 + 1 es 6.

coro: ♪♫♪

2 + 2 es 4	y	2 + 2 es 4.
2 + 3 es 5	y	3 + 2 es 5.
2 + 4 es 6	y	4 + 2 es 6.
3 + 3 es 6	y	3 + 3 es 6.

coro: ♪♫♪

Nombre _____

Actividad 1 - Oraciones numéricas hasta el 6

Llena los espacios en blanco para hacer que el resultado del hueso sea 6.

Nombre _____

Actividad 2 - Suma con fichas de dominó

Encuentra el número que falta para completar las fichas de dominó.

4 + _____ = 5

_____ + _____ = 6

_____ + _____ = 5

_____ + _____ = 4

_____ + _____ = 6

_____ + _____ = 6

Actividad 3 - Medición de la temperatura

Nosotros medimos la termperatura en grados centígrados (°C) o en grados farenheit (°F).

Estamos a 1 °F

Cuenta 5° más para mostrar que la temperatura está 5° más caliente.

La temperatura ahora es _____.

Estamos a 1 °C

Muestra 4° más.

La temperatura ahora es _____.

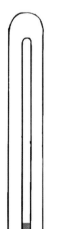

Estamos a 2 °F

Muestra 2° más.

La temperatura ahora es _____.

Estamos a 4 °C

Muestra 4° más.

La temperatura ahora es _____.

Nombre _____

Actividad 4 - Figuras de dos dimensiones

Cuenta cuántos lados tiene cada una de estas figuras de dos dimensiones. Escribe la respuesta dentro de la figura. Con una línea señala el nombre de cada figura.

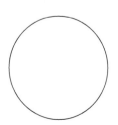

triángulo

pentágono

círculo

cuadrado

hexágono

Lecciones de grupo

1. Lanzamiento de dados

2. Clasificación de números

Letra de la canción

Resultados hasta el 10
del albúm *Suma cantando*

Actividades reproducibles

1. Diviértete con los robots

2. Oraciones numéricas hasta el 10

3. Diviértete coloreando

4. Problemas de suma

Lección de grupo 1 - Lanzamiento de dados

Materiales: Para cada grupo: 2 dados, un vaso y un papel para registrar las oraciones numéricas.

Instrucciones: Los estudiantes pueden jugar en equipos de dos o de cuatro. Un estudiante coloca los dados en el vaso, los agita y los lanza. Todos los estudiantes deben esribir las oraciones numéricas en su papel, luego deben resolverla. Permita que cada estudiante tenga varios turnos.

Lección de grupo 2 - Clasificación de números

Materiales: Tarjetas con números (6, 7, 8, 9 y 10) y tarjetas con oraciones de suma (sin el resultado) que den como resultado los números en las tarjetas anteriores.

Preparación: Prepare las tarjetas con los números y con las oraciones de suma.

Instrucciones: Coloque las tarjetas con los números en la pizarra. Entregue a cada estudiante una o más tarjetas con las oraciones de suma. Uno a uno, pida a los estudiantes que coloquen su tarjeta de suma debajo del número correcto. Continúe hasta que todas las tarjetas estén en el lugar que les corresponde.

Variación: Haga que los estudiantes trabajen en grupos de 2 ó 4, clasificando las tarjetas con las oraciones de suma debajo del número correcto.

Resultados hasta el 10

coro:

Siempre al sumar
usarás el signo "más".
Cantando aprenderás
y te divertirás.

Y aunque cambies el orden
de los sumandos,
siempre obtendrás
el mismo resultado.

0 + 7 es 7   y   7 + 0 es 7.
0 + 8 es 8   y   8 + 0 es 8.
0 + 9 es 9   y   9 + 0 es 9.

1 + 6 es 7   y   6 + 1 es 7.
1 + 7 es 8   y   7 + 1 es 8.
1 + 8 es 9   y   8 + 1 es 9.
1 + 9 es 10   y   9 + 1 es 10.

coro:

2 + 5 es 7   y   5 + 2 es 7.
2 + 6 es 8   y   6 + 2 es 8.
2 + 7 es 9   y   7 + 2 es 9.
2 + 8 es 10   y   8 + 2 es 10.

coro:

3 + 4 es 7   y   4 + 3 es 7.
3 + 5 es 8   y   5 + 3 es 8.
3 + 6 es 9   y   6 + 3 es 9.
3 + 7 es 10   y   7 + 3 es 10.

4 + 5 es 9   y   5 + 4 es 9.
4 + 6 es 10   y   6 + 4 es 10.
5 + 5 es 10   y   5 + 5 es 10.

coro:

Actividad 1 - Diviértete con los robots

Para ayudar a los robots tienes que sumar el número que está del lado izquierdo al sumando que está en la parte de arriba del robot.

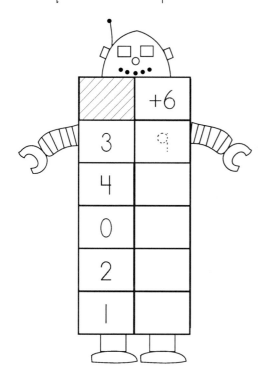

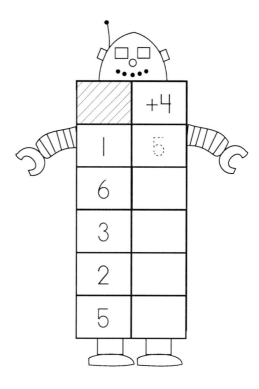

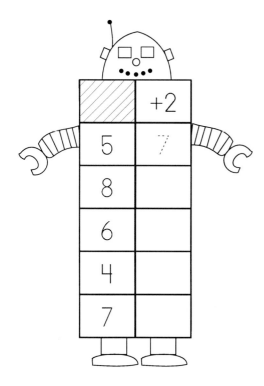

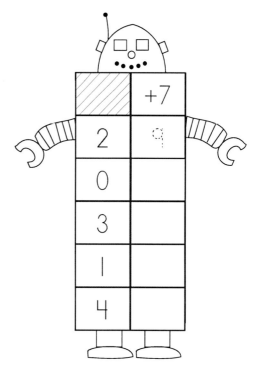

Nombre _____

Actividad 2 - Oraciones numéricas hasta el 10

Usa los cuadros para crear oraciones numéricas hasta el 10.

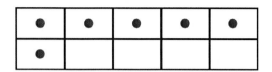

6 + ____ = 10

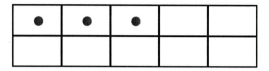

____ + ____ = ____

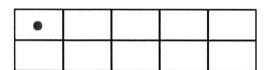

____ + ____ = ____

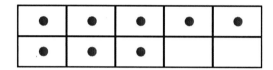

____ + ____ = ____

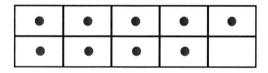

____ + ____ = ____

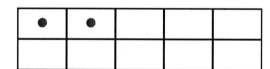

____ + ____ = ____

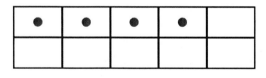

____ + ____ = ____

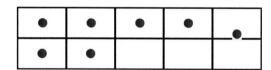

____ + ____ = ____

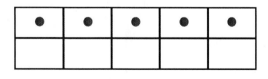

____ + ____ = ____

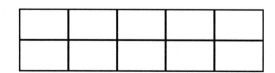

____ + ____ = ____

Actividad 3 - Diviértete coloreando

Colorea los espacios donde el resultado de la suma es 10 de color marrón.

Colorea los espacios donde el resultado de la suma es 9 de color azul.

Colorea los espacios donde el resultado de la suma es 8 de color negro.

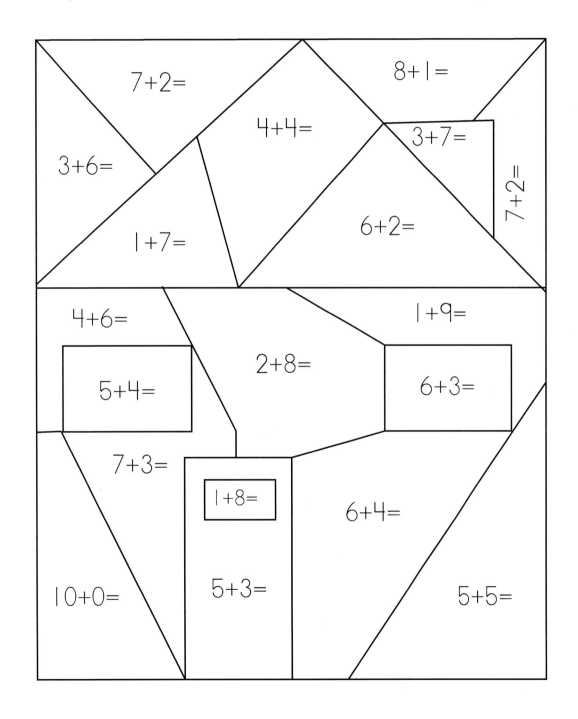

Nombre _____

Actividad 4 - Problemas de suma

Usa dibujos para ayudarte a resolver los problemas.

1. José tiene $2.00. Su padre le va a pagar $3.00 si recoge la nieve.
   ¿Cuánto tendrá José en total?

2. Martha una moneda de 10 centavos, una de 5 centavos y tres de 1 centavo
   mientras caminaba al colegio. ¿Cuánto dinero encontró en total?

3. Jaime encontró $4.00 entre los cojines de su mueble y ya tenía $11.00
   en su alcancía. ¿Cuánto dinero tiene Jaime en total?

Lecciones de grupo

1. Memoria
2. Suma los lados

Letra de la canción

Resultados hasta el 18
del álbum *Suma cantando*

Actividades reproducibles

1. Busca los sumandos y resultados perdidos
2. Oraciones numéricas con figuras geométricas
3. Divertido cuestionario de suma
4. Suma dos números

Lección de grupo 1 - Memoria

Materiales: Tarjetas con oraciones numéricas (sin resultados) y tarjetas con números (con los resultados de las tarjetas con oraciones numéricas).

Preparación: Haga tarjetas con oraciones numéricas y con resultados.

Instrucciones: Todas las tarjetas se colocan boca abajo en dos grupos (uno con las oraciones numéricas y el otro con los resultados). Cada estudiante tiene un turno para voltear una tarjeta de cada grupo, si la tarjeta del número es el resultado de la tarjeta con la oración numérica el estudiante guarda esas tarjetas, si no son pareja debe volver a colocarlas boca abajo y darle el turno al siguiente estudiante. El juego continúa hasta que se consigan todas las parejas.

Lección de grupo 2 - Suma los lados

Materiales: Figuras geométricas de plástico o madera, papel para cada estudiante.

Instrucciones: Dibuje dos figuras en la pizarra, ejemplo: un triángulo y un hexágono. Pregunte a los estudiantes cómo pueden saber cuántos lados en total tienen las figuras. Deje que los estudiante discutan cuáles estrategias usaron para obtener sus respuestas y que escriban cómo pueden usar la suma para resolver el problema (3 + 6 = 9). Agregue otra figura para que los estudiantes sumen con tres números. Después de esta actividad reúna a los estudiantes en grupos pequeños y varios bloques. Los estudiantes deben tomar turnos para elegir dos o tres figuras diferentes. Cada estudiante en el grupo debe obtener su propia respuesta.

Resultados hasta el 18

coro 2 veces: 🎵

Suma estos números.
¡Lo harás bien!
Concéntrate en los números,
es hora de sumar.

Cambia los sumandos
y encontrarás
que el resultado
es siempre igual.

2 + 9 es igual a 11 y 9 + 2 es igual a 11.
3 + 8 es igual a 11 y 8 + 3 es igual a 11.
3 + 9 es igual a 12 y 9 + 3 es igual a 12.

4 + 7 es igual a 11 y 7 + 4 es igual a 11.
4 + 8 es igual a 12 y 8 + 4 es igual a 12.
4 + 9 es igual a 13 y 9 + 4 es igual a 13.

5 + 6 es igual a 11 y 6 + 5 es igual a 11.
5 + 7 es igual a 12 y 7 + 5 es igual a 12.
5 + 8 es igual a 13 y 8 + 5 es igual a 13.

6 + 6 es igual a 12 y 6 + 6 es igual a 12.
6 + 7 es igual a 13 y 7 + 6 es igual a 13.

coro 2 veces: 🎵

7 + 7 es igual a 14 y 7 + 7 es igual a 14.
7 + 8 es igual a 15 y 8 + 7 es igual a 15.
7 + 9 es igual a 16 y 9 + 7 es igual a 16.

8 + 8 es igual a 16 y 8 + 8 es igual a 16.
8 + 9 es igual a 17 y 9 + 8 es igual a 17.
9 + 9 es igual a 18 y 9 + 9 es igual a 18.

coro 2 veces: 🎵

Nombre _____

Actividad 1 - Busca los sumandos y resultados perdidos

Busca los sumandos y resultados perdidos.

```
    4          □          2          □          6          4
  + □        + 7        + 9        + 9        + 7        + □
  ―――        ―――        ―――        ―――        ―――        ―――
   12         14          □         17          □         13
```

```
    □          7          4          □          8          2
  + 5        + □        + □        + 7        + 7        + □
  ―――        ―――        ―――        ―――        ―――        ―――
   13         15         11         12          □         11
```

```
    8          □          6          7          □          8
  + 8        + 9        + □        + □        + 9        + 9
  ―――        ―――        ―――        ―――        ―――        ―――
    □         12         11         16         18          □
```

Nombre _____

Actividad 2 - Oraciones numéricas con figuras geométricas

Suma los lados de las figuras. Escribe oraciones numéricas para mostrar tu respuesta.

6 + 4 = 10

△ + ☐ = _____

○ + ⬠ = _____

⬡ + ▯ + △ = _____

△ + ⬠ + △ = _____

Actividad 3 - Divertido cuestionario de suma

¿Cuál es la caja correcta? Colorea la caja que tiene la respuesta correcta.

$16 =$ $\boxed{9 + 7}$ $\boxed{15 + 2}$ $\boxed{13 + 3}$

$14 =$ $\boxed{7 + 7}$ $\boxed{4 + 10}$ $\boxed{9 + 8}$

$17 =$ $\boxed{9 + 9}$ $\boxed{8 + 9}$ $\boxed{12 + 5}$

$11 =$ $\boxed{5 + 7}$ $\boxed{3 + 8}$ $\boxed{6 + 5}$

$15 =$ $\boxed{8 + 7}$ $\boxed{6 + 6}$ $\boxed{9 + 6}$

$18 =$ $\boxed{9 + 9}$ $\boxed{12 + 6}$ $\boxed{14 + 4}$

Nombre _____

Actividad 2 - Suma dos números

Coloca una marca en el resultado correcto.

6 + 7 —— ☑ 13 ☐ 6 ☐ 14	5 + 5 —— ☐ 2 ☐ 10 ☐ 20
8 + 7 —— ☐ 16 ☐ 14 ☐ 15	7 + 7 —— ☐ 12 ☐ 14 ☐ 18
8 + 8 —— ☐ 12 ☐ 9 ☐ 16	2 + 16 —— ☐ 18 ☐ 2 ☐ 0
14 + 2 —— ☐ 17 ☐ 16 ☐ 1	18 + 0 —— ☐ 18 ☐ 0 ☐ 8

Lecciones de grupo

1. Concentración

2. Dominó

Letra de la canción

Suma unidades
del álbum *Suma cantando*

Actividades reproducibles

1. Crucigrama de sumas

2. Busca los sumandos y resultados perdidos

3. Suma de tres números

4. Encuentra las placas de los autos

Lección de grupo 1 - Concentración

Materiales: Palitos de madera de dos colores (11 de cada uno), dos contenedores para colocar los palitos, semillas.

Preparacón: Escriba los números del 0 al 10 en cada palito de color.

Instrucciones: Los estudiantes juegan en grupos de 2 ó 4. Un jugador selecciona dos palitos (uno de cada color), dicen los dos números en voz alta, hacen una operación de suma y dan la respuesta. Si todos están de acuerdo en que la respuesta es correcta, el grupo toma una semilla. Si la respuesta no es correcta, el siguiente jugador tiene un turno para responder. El juego continúa hasta que cada estudiante haya tenido varios turnos.

Lección de grupo 2 - Dominó

Materiales: Un juego de fichas de dominó, tarjetas de dirección

Preparación: Cree tarjetas de dirección (+0, +1, +2, +3).

Instrucciones: Eligó sólo una tarjeta de dirección para cada juego. Se colocan todas las fichas de dominó boca abajo, cada estudiante debe tomar de 5 a 7 fichas. Una ficha se voltea para comenzar. Si la tarjeta de dirección que se eligió dice +2, a la persona que le toque el siguiente turno debe calcular y colocar una ficha de acuerdo al resultado. Por ejemplo, si la ficha tiene un 3 y un 4, el jugador debe colocar una que tenga un 5 o un 7. Si el estudiante no tiene una ficha adecuada, debe tomar otra de las fichas que sobraron. El juego continúa hasta que uno de los estudiantes haya usado todas las fichas.

CAPÍTULO 9

Suma unidades

coro: ♪♫♪

Un número de dos unidades
que comienza con un 1,
al separarlo, es igual
a 10 más un sumando.

Sumar unidades es
muy fácil de aprender.
Si tienes el 16
sabes que es 10 más 6.

11 + 1 es 12   porque 10 + 1 + 1 es 12.
12 + 1 es 13   porque 10 + 2 + 1 es 13.
13 + 1 es 14   porque 10 + 3 + 1 es 14.
14 + 1 es 15   porque 10 + 4 + 1 es 15.
15 + 1 es 16   porque 10 + 5 + 1 es 16.
16 + 1 es 17   porque 10 + 6 + 1 es 17.
17 + 1 es 18   porque 10 + 7 + 1 es 18.

coro: ♪♫♪

11 + 2 es 13   porque 10 + 1 + 2 es 13.
12 + 2 es 14   porque 10 + 2 + 2 es 14.
13 + 2 es 15   porque 10 + 3 + 2 es 15.
14 + 2 es 16   porque 10 + 4 + 2 es 16.
15 + 2 es 17   porque 10 + 5 + 2 es 17.
16 + 2 es 18   porque 10 + 6 + 2 es 18.

coro: ♪♫♪

11 + 3 es 14   porque 10 + 1 + 3 es 14.
12 + 3 es 15   porque 10 + 2 + 3 es 15.
13 + 3 es 16   porque 10 + 3 + 3 es 16.
14 + 3 es 17   porque 10 + 4 + 3 es 17.
15 + 3 es 18   porque 10 + 5 + 3 es 18.

11 + 4 es 15   porque 10 + 1 + 4 es 15.
12 + 4 es 16   porque 10 + 2 + 4 es 16.
13 + 4 es 17   porque 10 + 3 + 4 es 17.
14 + 4 es 18   porque 10 + 4 + 4 es 18.

coro: ♪♫♪

11 + 5 es 16   porque 10 + 1 + 5 es 16.
12 + 5 es 17   porque 10 + 2 + 5 es 17.
13 + 5 es 18   porque 10 + 3 + 5 es 18.

11 + 6 es 17   porque 10 + 1 + 6 es 17.
12 + 6 es 18   porque 10 + 2 + 6 es 18.

11 + 7 es 18   porque 10 + 1 + 7 es 18.

coro: ♪♫♪

Actividad 1 - Crucigrama de sumas

Completa los números que faltan en el crucigrama.

6		6	+		=	16
+		+				
5	+		=	9		
=		=		−		
		10		2	+	= 13

$6 +$ ___ $= 16$

$5 +$ ___ $= 9$

$2 +$ ___ $= 13$

$11 -$ ___ $= 4$

$7 -$ ___ $= 4$

$18 - 12 = 6$

___ $+ 2 =$ ___

Nombre _____

Actividad 2 - Busca los sumandos y resultados perdidos

Balancea la balanza al hacer que los dos lados sean iguales.

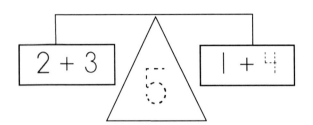

| 2 + 3 | 5 | 1 + 4 |

| 2 + 6 | | 5 + __ |

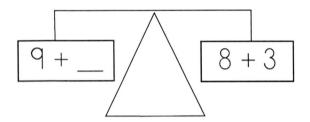

| 9 + __ | | 8 + 3 |

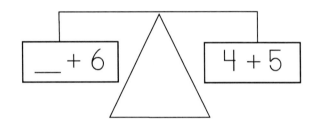

| __ + 6 | | 4 + 5 |

| 4 + 3 | | __ + 2 |

| 1 + __ | | 5 + 5 |

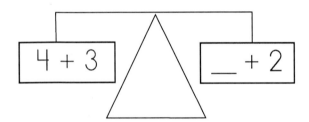

| __ + 9 | | 5 + 11 |

| 5 + 9 | | __ + 6 |

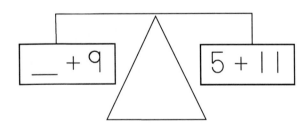

| 4 + 8 | | 7 + __ |

| 10 + 8 | | 12 + __ |

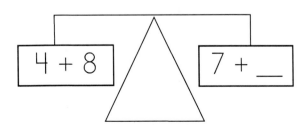

Suma cantando

Actividad 3 - Suma de tres números

Suma los tres números.

$$
\begin{array}{r} 2 \\ 3 \\ +1 \\ \hline 6 \end{array}
\qquad
\begin{array}{r} 4 \\ 4 \\ +2 \\ \hline 10 \end{array}
\qquad
\begin{array}{r} 7 \\ 3 \\ +2 \\ \hline \end{array}
\qquad
\begin{array}{r} 6 \\ 2 \\ +2 \\ \hline \end{array}
\qquad
\begin{array}{r} 9 \\ 2 \\ +1 \\ \hline \end{array}
$$

$$
\begin{array}{r} 6 \\ 6 \\ +3 \\ \hline \end{array}
\qquad
\begin{array}{r} 8 \\ 3 \\ +1 \\ \hline \end{array}
\qquad
\begin{array}{r} 5 \\ 5 \\ +4 \\ \hline \end{array}
\qquad
\begin{array}{r} 2 \\ 2 \\ +4 \\ \hline \end{array}
\qquad
\begin{array}{r} 8 \\ 8 \\ +1 \\ \hline \end{array}
$$

$$
\begin{array}{r} 4 \\ 9 \\ +2 \\ \hline \end{array}
\qquad
\begin{array}{r} 7 \\ 1 \\ +7 \\ \hline \end{array}
\qquad
\begin{array}{r} 5 \\ 6 \\ +2 \\ \hline \end{array}
\qquad
\begin{array}{r} 0 \\ 6 \\ +9 \\ \hline \end{array}
\qquad
\begin{array}{r} 3 \\ 3 \\ +3 \\ \hline \end{array}
$$

Nombre _____

Actividad 4 - Encuentra las placas de los autos

Colorea las placas que dan como resultado el número del auto.

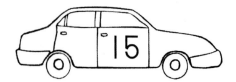

| 4+8 | 8+7 | 14+1 | 7+7 |

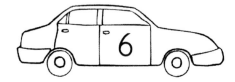

| 1+10 | 16+1 | 16+2 | 6+12 |

| 7+7 | 10+2 | 12+0 | 6+6 |

| 3+3 | 6+1 | 6+0 | 5+2 |

| 3+3 | 3+8 | 2+7 | 6+3 |

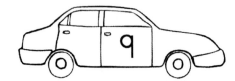

| 11+0 | 2+5 | 2+9 | 5+6 |

Página 9

1. sumandos
2. suma

Página 10

4 + 2 = 6	3 + 4 = 7
2 + 4 = 6	4 + 3 = 7
6 + 3 = 9	5 + 5 = 10
3 + 6 = 9	5 + 5 = 10
7 + 2 = 9	2 + 3 = 5
2 + 7 = 9	3 + 2 = 5

Página 11

12:00

2:00

6:00

9:00

3:00

4:00

8:00

12:00

7:00

12:00

11:00

5:00

Página 12

Contando de 2 en 2 o sumando 2

Contando de 5 en 5 o sumando 5

Contando de 3 en 3 o sumando 3

Contando de 4 en 4 o sumando 4

Contando de 6 en 6 o sumando 6

Página 16

1	2	3	4	5	6	7	8	9	10
11	12	13	14	15	16	17	18	19	20
21	22	23	24	25	26	27	28	29	30
31	32	33	34	35	36	37	38	39	40
41	42	43	44	45	46	47	48	49	50
51	52	53	54	55	56	57	58	59	60
61	62	63	64	65	66	67	68	69	70
71	72	73	74	75	76	77	78	79	80
81	82	83	84	85	86	87	88	89	90
91	92	93	94	95	96	97	98	99	100

Página 17

1. 8¢
2. 10¢
3. 15¢
4. 13¢
5. 7¢
6. 15¢

Página 18

10	6
8	5
6	4
4	3
2	2
0	1

18	21
15	17
12	13
9	9
6	5
3	1

Página 21

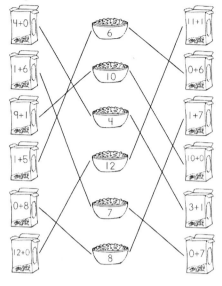

Página 22

Si 4+0=4	Si 6+0=6
entonces 4+1=5	entonces 6+1=7
Si 3+0=3	Si 8+0=8
entonces 3+1=4	entonces 8+1=9
Si 7+0=7	Si 2+0=2
entonces 7+1=8	entonces 2+1=3
Si 1+0=1	Si 9+0=9
entonces 1+1=2	entonces 9+1=10
Si 10+0=10	Si 5+0=5
entonces 10+1=11	entonces 5+1=6

Página 23

1+3=4	4+1=5
1+7=8	6+1=7
1+10=11	2+1=3
1+9=10	8+1=9

RESPUESTAS

Página 24

1. Viaje al museo de dinosaurios
martes, 29 de julio

2. Fogata y barbacoa
sábado, 5 de julio

3. Día de playa
domingo, 20 de julio

4. Viaje al parque de diversiones
lunes, 7 de julio

5. Viaje al zoológico
jueves, 24 de julio

Página 27

2+2=4   6+6=12
5+5=10   3+3=6
4+4=8   8+8=16

Página 28

1. martes
2. miércoles
3. 18
4. 12
5. 10
6. 4
7. 10

Página 29

2+2=4   5+5=10
3+3=6   4+4=8
6+6=12   7+7=14

Página 30

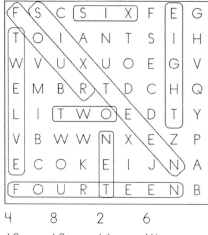

4   8   2   6
12   10   16   14

Página 33

2+2+1=5   3+3+1=7
5+5+1=11   7+7+1=15
4+4+1=9   9+9+1=19
6+6+1=13   8+8+1=17

Página 34

Si 2+2=4   Si 3+3=6
entonces 2+3=5   entonces 3+4=7

Si 4+4=8   Si 6+6=12
entonces 4+5=9   entonces 6+7=13

Si 5+5=10   Si 7+7=14
entonces 5+6=11   entonces 7+8=15

Si 1+1=2   Si 8+8=16
entonces 1+2=3   entonces 8+9=17

Página 35

Página 36

4 5   10 6   6 3
0 1   7 8   4 3
16 8   6 6   9 19

Página 39

5+1   0+6
4+2   4+2   3+3
1+5
3+2+1   4+1+1   5+1+0
2+2+2   1+1+1+3

Página 40

4+1=5
1+5=6
3+2=5
2+2=4
0+6=6
2+4=6

Página 41

6 °F   5 °C
4 °F   6 °C

Página 42

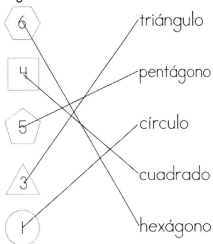

triángulo

pentágono

círculo

cuadrado

hexágono

Página 45

	+6
3	9
4	10
0	6
2	8
1	7

	+4
1	5
6	10
3	7
2	6
5	9

	+2
5	7
8	10
6	8
4	6
7	11

	+7
2	9
0	7
3	10
1	8
4	11

Página 46

5+5=10   3+7=10

1+9=10   8+2=10

9+1=10   2+8=10

4+6=10   7+3=10

6+4=10   0+10=10

Página 48

1. $5.00

2. 18¢

3. $15.00

Página 51

8   7   11   8   13   9

8   8   7   5   15   9

16   3   5   9   9   17

Página 52

6 + 4 = 10

3 + 4 = 7

4 + 5 = 9

8 + 4 + 3 = 15

3 + 5 + 3 = 11

Página 53

16 = 9+7   13+3

14 = 7+7   4+10

17 =   8+9   12+5

11 =   3+8   6+5

15 = 8+7   9+6

18 = 9+9   12+6   14+4

Página 54

13   10

15   14

16   18

16   18

Página 57

6		6	+	10	=	16		
+		+						
5	+	4	=	9				
-		=		-				
11		10		2	+	11	=	13

	11	-	7	=	4
	+				+
7	-	3	=	4		8
+				-		=
6			15		18	-	12	=	6
=							+
13	+	2	=	15				9
								=
								15

Página 58

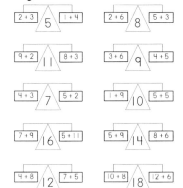

| 2 + 3 | 5 | 1 + 4 | | 2 + 6 | 8 | 5 + 3 |

| 9 + 2 | 11 | 8 + 3 | | 3 + 6 | 9 | 4 + 5 |

| 4 + 3 | 7 | 5 + 2 | | 1 + 9 | 10 | 5 + 5 |

| 7 + 9 | 16 | 5 + 11 | | 5 + 9 | 14 | 8 + 6 |

| 4 + 8 | 12 | 7 + 5 | | 10 + 8 | 18 | 12 + 6 |

Página 59

6   10   12   10   12

15   12   14   8   17

15   15   13   15   9

Página 60

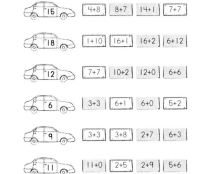

| 15 | | 4+8 | 8+7 | 14+1 | 7+7 |

| 18 | | 1+10 | 16+1 | 16+2 | 6+12 |

| 12 | | 7+7 | 10+2 | 12+0 | 6+6 |

| 6 | | 3+3 | 6+1 | 6+0 | 5+2 |

| 9 | | 3+3 | 3+8 | 2+7 | 6+3 |

| 11 | | 11+0 | 2+5 | 2+9 | 5+6 |

¡Pregunte a su distribuidor local por estos otros excelentes títulos de Sara Jordan!

The Unplugged Math Series - Nueva edición (cuatro volúmenes, grados 1-4)
Canciones animadas, actividades grupales y ejercicios reproducibles enseñan la suma, la resta, la multiplicación y la división, mientras que se tocan temas relevantes del currículo central común de matemáticas.

Matemáticas en español (cuatro volúmenes, grados 1-4)
Canciones, actividades grupales y ejercicios reproducibles en español enseñan la suma, la resta, la multiplicación y la división. Las divertidas canciones hacen que el aprendizaje sea memorable, mientras que los ejercicios reproducibles refuerzan lo que se aprendió en las canciones y al mismo tiempo tocan temas del currículo central de matemáticas.

Singing Sight Words (cuatro volúmenes, grados k-2)
Esta serie introduce a los estudiantes a más de 300 de las palabras de alta frecuencia más comúnmente usadas. Las palabras se presentan en orden de frecuencia relativa al idioma inglés. La serie está basada en la lista de 220 palabras de servicio usadas con frecuencia, compilada por Edward William Dolch, Ph.D., y la lista relacionada de 95 sustantivos de alta frecuencia.

Funky Phonics: Learn to Read (cuatro volúmenes, grados k-2)
Excelentes canciones que mezclan lo mejor en investigación y práctica educativa al proveer a los jóvenes lectores las estrategias necesarias para decodificar las palabras a través de rimas, mezclas y segmentación. Los profesores y los padres adoran las lecciones, las actividades prácticas y las hojas de trabajo reproducibles, mientras que los alumnos encontrarán muy divertidas las melodías animadas y contagiosas.

Canciones bilingües
Por favor, visítenos en línea para conocer y escuchar nuestras canciones bilingües en inglés–español, inglés–francés e inglés–chino mandarín.

Visítenos en línea para comprar, escuchar y aprender.
Nuestro sitio web: www.AprendeCantando.com ofrece:
- la oportunidad de comprar nuestros recursos en línea
- un boletín que se publica cada dos semanas y que incluye descargas de canciones gratuitas y actividades
- lecciones para crear caricaturas, entablar intercambios por correo y concursos
- ideas para botanas nutritivas
- información referente a estándares educativos
- enlaces a otros sitios web de interés

Para obtener ayuda acerca de cómo encontrar a un distribuidor cerca de usted, contacte a Sara Jordan Publishing:

M.P.O. Box 490
Niagara Falls, NY
U.S.A. 14302-0490

RPO Lakeport, Box 28105
St. Catharines, Ontario
Canada, L2N 7P8

Teléfono: 905-937-9000
E-mail: sjordan@sara-jordan.com